Y2p 1409

Paris
1867

Schiller, Frederich von

L'Hotelier du soleil ou l'homme poussé au crime par le déshonneur.

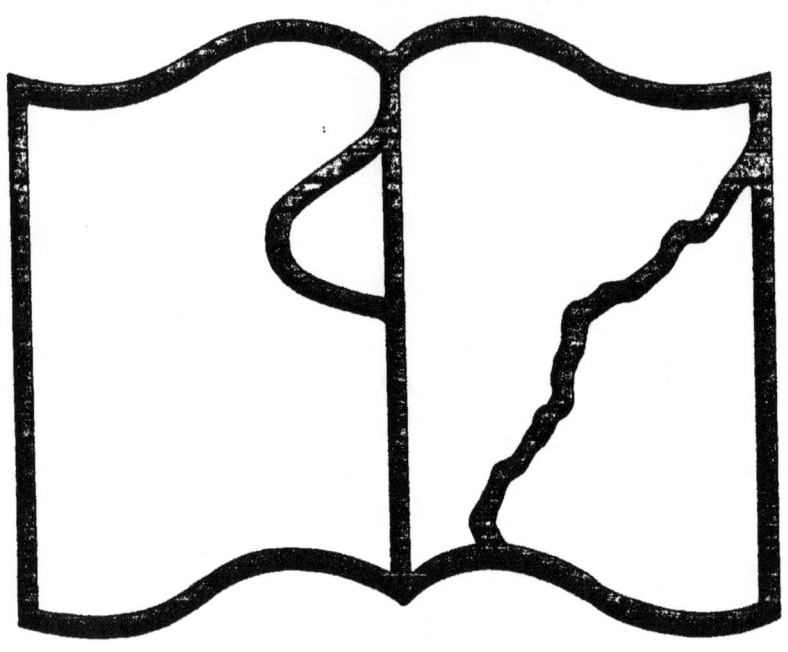

**Symbole applicable
pour tout, ou partie
des documents microfilmés**

Texte détérioré — reliure défectueuse

NF Z 43-120-11

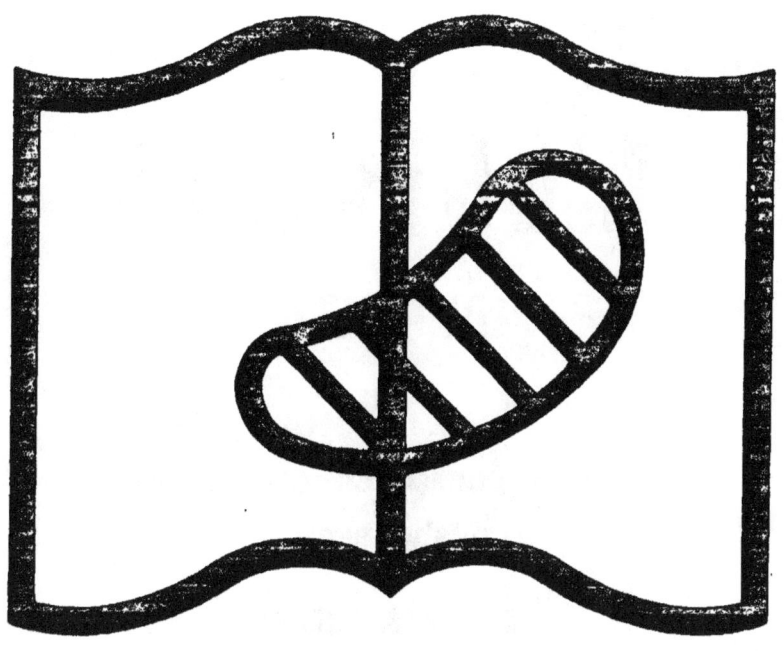

Symbole applicable
pour tout, ou partie
des documents microfilmés

Original illisible

NF Z 43-120-10

FELIX THESSALUS.

L'HOTELIER

DU SOLEIL

OU

L'homme poussé au crime par le déshonneur.

DE J. F. C. SCHILLER

TRADUCTION PAR FELIX THESSALUS.

PARIS
Chez l'auteur, 9, rue de Louvain-Belleville.

L'HOTELIER

DU SOLEIL

OU

L'homme poussé au crime par le déshonneur.

DE J. F. C. SCHILLER

TRADUCTION PAR FÉLIX THESSALUS.

MONTMÉDY
IMPRIMERIE DE PH. PIERROT-CAUMONT.
1867

L'HOTELIER DU SOLEIL

OU

L'homme poussé au crime par le déshonneur

DE J. F. C. SCHILLER

TRADUCTION PAR FÉLIX THESSALUS.

Dans toute l'histoire de l'homme aucun chapitre n'est plus instructif et pour le cœur et pour l'esprit que le chapitre de ses erreurs.

En effet, une force proportionnelle à la grandeur d'un forfait en a toujours accompagné la perpétration.

Et, si le jeu secret du désir à côté des appétences habituelles reste inaperçu, ce jeu dans l'état de passion violente sera d'autant plus saillant, colossal, bruyant.

L'homme qui sait mieux scruter le cœur humain, qui sait, réellement et au juste, combien l'on doit compter sur l'exercice du libre arbitre et jusqu'à quel point il est permis de juger par analogie, cet homme, dis-je, par l'étude des erreurs de l'homme obtiendra mainte découverte utile à ses connaissances psychologiques et à la morale.

*
* *

C'est quelque chose de si uniforme, et, par contre, de si compliqué cependant que le cœur humain !

Une même faculté, une même aspiration peut jouer de mille manières et en sens divers, peut apparaître différemment combinée dans mille caractères ; et mille caractères, mille actions différentes peuvent être engendrées par la même inclination, bien que l'homme, qui est ici en cause, ne soupçonne rien moins qu'une telle affinité.

Vienne enfin, pour le règne de l'HOMME comme pour les autres règnes de la nature, un Linnée qui le classerait d'après ses instincts et ses inclinations, combien s'étonnerait-on en voyant rangés dans la même espèce que les monstrueux Borgia, maints individus dont les vices étouffent dans la sphère à court diamètre de la vie privée et dans le cercle étroit de la loi !

.•.

Si l'on envisage la question sous ce point de vue, on trouve beaucoup à redire à la manière ordinaire d'écrire l'histoire. Là est le nœud gordien et c'est cette méthode fautive, à mon avis, qui a rendu jusqu'à présent l'étude de l'histoire sans influence salutaire sur la vie privée.

Entre la vive émotion de l'homme qui agit et la tranquillité d'esprit du lecteur devant qui l'action commise est exposée, il règne un si grand contraste, il existe un si long intervalle, qu'il devient difficile à ce dernier, voire même impossible d'admettre entre cet homme et lui la moindre similitude.

Oui, il existe entre le sujet historique et le lecteur une distance qui écarte toute possibilité de comparaison ou d'application, et qui au lieu d'inspirer cette terreur salutaire, offerte comme un frein à la présomption des sens, provoque le hochement de tête de l'étonnement.

Et le malheureux qui, à l'heure même où il a commis un crime et à celle où il l'a expié, était un homme comme nous, nous le considérons comme un être de race étrangère dont le sang circule autrement que le nôtre, dont la volonté se soumet à des lois autres que les nôtres.

Son sort nous touche peu ; car la compassion ne se produit guère en nous que par le vague sentiment de la communauté du danger couru, et nous sommes loin d'admettre entre ce criminel et nous l'existence d'une telle communauté.

La manière de la raconter enlève à l'action ce qu'elle possède d'instructif et l'histoire, au lieu d'aider à notre éducation, doit se contenter du rôle plus modeste de satisfaire la curiosité.

Veut-elle être davantage pour nous? qu'elle choisisse entre les deux méthodes suivantes: donner au lecteur la chaleur de son héros ou à son héros le sang-froid du lecteur.

..

Parmi les historiens des temps modernes, je le sais, plusieurs s'en sont tenus à la première méthode et ont gagné le cœur de leur lecteur par un style entraînant. Mais agir ainsi constitue une usurpation de la part de l'historien ; c'est porter atteinte à la liberté toute démocratique du public qui lit. — Il lui appartient en effet de siéger lui-même au tribunal.— C'est en même temps offenser la loi des délimitations, car cette méthode appartient exclusivement et en propre à l'orateur et au poëte.

L'autre méthode reste seule à l'historien.

Le héros doit être froid comme le lecteur, ou, ce qui ici a la même signification, nous devons faire connaissance avec lui avant qu'il agisse. Il ne faut pas seulement que nous le voyions à l'œuvre, mais aussi que nous le voyions se déterminer à agir. Ses pensées nous interressent plus que ses actes et encore bien plus les sources de ses pensées que les conséquences de ses actes.

On a exploré le Vésuve pour rechercher l'origine de son embrasement, pourquoi accorde-t-on une attention moins grande à un phénomène moral qu'à un phénomène physique ?

Pourquoi ne prête-t-on pas le même degré d'attention à la nature et à la disposition des choses qui ont circonvenu l'homme devenu criminel, jusqu'au moment où prit feu la poudre amassée dans son sein ?

L'étrange et l'imprévu de cette explosion ont de quoi charmer le rêveur, ami du merveilleux ; l'ami de la vérité, lui, cherche une mère à ces enfants perdus. Il la cherche dans l'invariable structure de l'âme et dans les variables conditions extérieures qui le déterminent, et cette double recherche la lui découvre certainement.

Alors il ne s'étonne plus, sur la même couche, où en d'autres circonstances ne fleurissaient que des plantes salutaires, de voir croître la ciguë vénéneuse ; de trouver réunis dans le même berceau la sagesse et la folie, le vice et la vertu.

. .

Quand bien même je ne tiendrais pas compte des avantages que l'étude du cœur humain retire de cette façon d'écrire l'histoire, elle est encore utile pour deux autres motifs. Elle dissipe le mépris cruel et l'air de sécurité orgueilleuse dont se charge ordinairement le regard que la vertu, non encore éprouvée et par conséquent toujours debout, jette sur celle qui est tombée. Elle engendre et propage l'esprit d'indulgence, sans lequel nul déserteur ne regagnera ses rangs, sans lequel nulle réconciliation ne s'effectuera entre la loi et l'homme qui l'a offensée, sans lequel aucun membre infecté de la société ne sera préservé d'une infection générale.

. .

Le criminel dont je vais maintenant raconter l'histoire, avait-il le droit d'en appeler à cet esprit d'indulgence? Était-il réellement perdu sans ressource pour la société?

Je ne veux pas anticiper sur le jugement du lecteur. Aussi bien, notre bienveillance ne lui est plus d'aucune utilité ; car il est mort de la main du bourreau ; mais l'autopsie de ses vices instruira peut-être l'humanité, et, il se peut aussi, la justice elle même.

.
. . . .
. . . .

Christian Wolf était fils d'un aubergiste d'une petite ville ....geoise dont je dois taire le nom pour des motifs que l'on comprendra plus tard. Jusqu'à sa vingtième année il aida sa mère à tenir sa maison, car son père était mort.

.

L'auberge était peu fréquentée et Wolf avait des heures de loisir.

A l'école déjà il passait pour un mauvais sujet. Les jeunes filles nubiles se plaignaient de son effronterie et les jeune gens du bourg rendaient hommage à son esprit inventif.

La nature avait négligé sa conformation; une taille petite et sans apparence, une chevelure crépue et d'un noir désagréable, un nez gros et épaté et une lèvre épaisse qu'un coup de pied de cheval avait rendue de travers, tout cela lui donnait un air repoussant qui faisait fuir effrayées toutes les femmes et fournissait à ses camarades ample matière à raillerie.

*
**

Il voulut obtenir par menace et par force ce qui lui était refusé et, par cela même qu'il ne plaisait pas, il se mit en tête de plaire.

Il éprouvait des désirs et se persuada qu'il aimait.

La jeune fille dont il avait fait l'objet de ses hommages le maltraitait et il avait sujet de craindre que ses rivaux ne fussent plus heureux.

Cependant la jeune personne était pauvre; un cœur qui restait fermé à ses protestations s'ouvrirait peut-être à ses présents, mais il était pauvre lui-même et les vaines dépenses qu'il se permettait pour faire valoir son extérieur, dévoraient le peu que lui rapportait la gestion de sa méchante auberge.

Trop nonchalant et trop ignorant pour réparer par des spéculations le mauvais état de ses affaires, trop fier, trop efféminé aussi pour faire un paysan du monsieur qu'il avait été jusque-là, et pour renoncer à sa liberté adorée, il ne vit qu'une seule issue à sa situation, issue qu'ont prise mille autres après et avant lui avec plus de succès, celle de voler honnêtement.

Sa ville natale touchait à une forêt de la couronne. Il se fit braconnier et le produit de sa coupable industrie passait fidèlement dans la main de celle qu'il aimait.

*
**

Parmi les amoureux de sa Jeanne était un nommé

Robert, un aide-garde-chasse. Celui-ci remarqua de bonne heure l'avantage que son rival avait obtenu sur lui par sa libéralité, en fut jaloux et recherche la source du revirement qu'elle annonçait dans sa fortune

Il se montra assidu au *Soleil,* — tel était l'écusson de l'auberge. — Son regard investigateur, qu'aiguisait l'envie et la haine, lui apprit bientôt d'où provenait cet argent.

Peu de temps après on publia à nouveau un décret sévère contre le braconnage, décret qui condamnait les délinquants à la réclusion.

Robert était infatigable dans ses recherches pour découvrir les manœuvres secrètes de son ennemi. Aussi réussit-il bientôt à prendre notre imprudent sur le fait.

Wolf fut jeté en prison et ce n'est qu'avec difficulté et au détriment de toute sa petite fortune qu'il parvint à faire convertir en amende la peine à laquelle il fut condamné.

*
* *

Robert triomphait; son rival était éloigné de la lice et les faveurs de Jeanne perdues à jamais pour le mendiant.

Wolf connut son ennemi et cet ennemi était l'heureux possesseur de sa Jeanne.

Le sentiment pénible de sa misère se joignit aux blessures de son amour propre. Le besoin et la jalousie réunies enflammèrent son ressentiment. La faim lui conseillait de s'éloigner, le désir de la vengeance et la passion le firent rester.

Il se fit braconnier une deuxième fois; mais Robert veillait avec vigilance; il fut assez adroit pour le surprendre en faute une deuxième fois.

Celui-ci dut alors subir toute la rigueur de la loi, car il n'avait plus d'argent à offrir, et au bout de quelques semaines il fut transféré dans la maison de force de la résidence.

*
* *

Sa peine finie, la passion de Wolf s'était accrue par l'éloignement et son obstination avait grandi sous le poids du malheur.

A peine est-il libre, qu'il gagne en toute hâte le lieu de sa naissance, pour se montrer à Jeanne.

Il paraît ; on le fuit.

L'urgence du besoin a enfin vaincu son orgueil et surmonté son indolence ; il s'offre aux riches de la localité en qualité de journalier.

Les paysans haussent les épaules en examinant sa faiblesse et son air efféminé, et la charpente solide d'un rival vigoureux l'emporte sur lui chez ces patrons impitoyables.

Il fait un dernier essai : un emploi vacant se présente encore — degré perdu, dernier refuge de l'honnête homme — il se propose comme porcher du bourg, mais les paysans ne veulent pas d'un vaurien pour garder leurs porcs.

Malheureux dans toutes ses tentatives, rejeté de toutes parts, Wolf se fait braconnier une troisième fois, et une troisième fois le malheur veut qu'il tombe entre les mains de son vigilant ennemi.

..
. .

Cette double récidive avait aggravé sa faute. Les juges étudièrent le code, mais pas un seul n'étudia le cœur de l'accusé.

Il fallait venger d'une manière exemplaire l'offense faite au décret contre le braconnage et Wolf fut condamné à être marqué à l'épaule et à travailler trois années dans le fort.

Ce temps s'écoula et il sortit du fort, mais tout autre qu'il n'y était entré.

Alors commença pour lui une ère nouvelle. Ecoutez ce qu'il a lui-même avoué à son confesseur et à ses juges.

. . .
. . . .

« Quand j'entrai au fort, j'étais égaré, mais je le quittai perverti et corrompu. Jusque là quelque chose m'avait été cher au monde et ma fierté avait plié sous le poids de la honte. A mon arrivée au fort, on m'enferma avec vingt-trois condamnés dont deux étaient des assassins et les autres des voleurs fameux et des vagabonds.

« Ils se moquaient de moi quand je parlais de Dieu et m'engageaient à injurier grossièrement le Rédempteur.

« On m'apprenait à chanter des chansons obscènes, que, bien que fort libertin, je ne pouvais entendre sans dégoût et sans horreur ; et ce que je voyais faire révoltait encore plus ma pudeur.

« Il ne se passait aucun jour sans que quelque honteuse biographie fût répétée, quelque détestable forfait comploté.

« D'abord j'évitais mes compagnons et fuyais leurs conciliabules, autant que la chose m'était possible ; mais j'avais besoin d'une société et la barbarie de mes gardiens m'avait refusé jusqu'à mon chien.

« Nous étions astreints à un travail pénible sous peine de coups, et mon corps était souffreteux ; puis, j'avais besoin d'encouragement et, je le dois avouer franchement, de commisération. J'achetai l'un et l'autre au prix du reste de ma conscience.

« Je m'habituai ainsi aux choses les plus abominables et dès la fin de la première année, je surpassais mes maîtres.

« A partir de ce moment je soupirai après la liberté comme après la vengeance.

« Tous les hommes m'avaient offensé, car tous étaient plus heureux que moi.

« Je me considérais comme le martyr du droit naturel et comme une victime des lois.

« J'agitais mes chaînes en grinçant des dents lorsque le soleil se levait au delà du mont où s'élevait le fort. Porter au loin sa vue double le supplice d'un prisonnier.

« Le vent qui venait librement siffler à travers les créneaux de mon donjon, l'hirondelle qui se cramponnait à mes barreaux de fer, semblaient me railler avec leur liberté et rendaient ma prison plus hideuse à mes yeux.

« Je vouais alors une haine ardente, implacable à

tout ce qui ressemblait à l'homme et, ce serment, je l'ai religieusement observé.

..

« Ma première pensée, aussitôt que je fus libre, fut pour mon pays.

« Autant j'espérais peu y trouver des moyens d'assurer mon avenir, autant je me promettais d'y satisfaire ma soif de vengeance.

« Mon cœur battit avec une force plus grande et plus farouche, lorsque le clocher de ma ville natale m'apparut de loin au dessus des arbres.

« Je n'éprouvais plus le même sentiment de bien être qu'au retour de mon premier pèlerinage.

« Le souvenir de tous les malheurs, de toutes les persécutions que j'y avais endurées naguère m'arracha tout-à-coup comme à l'effrayant sommeil de la mort. Toutes mes blessures saignèrent ; toutes mes cicatrices se rouvrirent.

« Je doublai le pas, car je me réjouissais à l'avance d'effrayer mes ennemis par mon aspect inattendu ; j'avais alors soif de cette humiliation nouvelle tout autant que j'avais redouté jadis de m'y trouver exposé.

..

« Les cloches sonnaient vêpres, comme je me trouvais au milieu de la place du marché. Les habitants de la paroisse venaient en foule à l'église. On me reconnut bien vite.

« Tous ceux qui me rencontrèrent reculèrent avec effroi.

« De tout temps j'avais beaucoup aimé les enfants, et je ne pus m'empêcher d'offrir une petite pièce de monnaie à un jeune garçon qui passait près de moi en sautant.

« L'enfant me regarda un instant fixement, puis me lança ma pièce au visage.

« Si j'eusse eu plus de sang-froid, je me serais rappelé que la barbe que j'avais rapportée du fort altérait mes traits jusqu'à les rendre hideux. Mais la dureté de mon cœur avait troublé mon intelligence.

« Des pleurs comme je n'en avais jamais versés coulèrent sur mes joues.

.·.

« Cet enfant ignore qui je suis, d'où je viens, me disais-je à moi-même à demi-voix, et cependant il me traite comme un animal immonde.

« Suis-je donc en quelque sorte marqué au front, ou bien ai-je cessé d'être semblable à un homme en reconnaissant que je ne puis plus aimer personne?

« Le mépris de ce jeune garçon me fut plus amer que mes trois années de travaux forcés, car j'avais voulu lui faire du bien et je ne pouvais l'accuser d'avoir une rancune personnelle contre moi.

.·.

« Je me plaçai dans le chantier qui était en face de l'église. Quel était réellement mon but? je n'en sais rien ; mais je sais bien que je me levai bientôt exaspéré, car pas une seule des personnes de ma connaissance qui passaient par là, n'avaient daigné me saluer. Pas une seule !

« Involontairement je quittai ma place pour chercher une auberge. Au tournant d'une rue je me trouvai face à face avec ma Jeanne.

— L'hôtelier du Soleil! s'écria-t-elle, à haute voix et elle fit un mouvement comme pour m'embrasser. Te voilà donc de retour, cher Wolf! Dieu soit béni. —

« Ses vêtements annonçaient la misère et la souffrance et son visage décélait une maladie honteuse. On devinait à la voir qu'elle était descendue aussi bas que possible.

« Je compris vite ce qui avait pu se passer. La rencontre que j'avais faite de quelques dragons du prince m'avait appris qu'il se trouvait une garnison dans le bourg :

« — Au service du soldat ! — m'écriai-je, et je lui tournai le dos.

« Cela me faisait du bien de rencontrer parmi les vivants une créature plus vile que moi !

« Je n'avais jamais aimé Jeanne !

« Ma mère était morte. Mes créanciers, pour se payer, avaient fait vendre ma petite maison.

« Je n'avais plus ni affections, ni fortune. Tout le monde me fuyait comme un pestiféré, mais j'avais enfin désappris à rougir.

« Naguère je me soustrayais au regard des hommes, parce que leur mépris m'était insupportable. Mais alors je m'imposais et j'étais heureux de les mettre en fuite.

« J'y prenais plaisir, parce que je n'avais plus rien à perdre, plus rien à garder. Je n'avais plus besoin d'avoir aucune bonne qualité, puisqu'on ne m'en reconnaissait aucune.

« Le monde entier m'était ouvert. J'eusse pu dans un pays étranger passer pour honnête homme, mais j'avais perdu jusqu'à la volonté de paraître honnête.

« Le désespoir et la honte m'avaient forcé à adopter cette manière de voir. Une dernière ressource m'était restée : apprendre à me passer de considération, puisque je n'avais plus le droit d'en revendiquer aucune.

« Si ma vanité et ma fierté eussent survécu à mon abaissement, je me serais moi-même donné la mort.

« Quels étaient alors mes projets ? je ne le savais pas encore moi-même. Je voulais faire le mal, voilà ce dont je me souviens confusément.

« Je voulais mériter mon sort.

« Les lois pensais-je, sont des bienfaits pour tout le monde ; aussi pris-je la résolution de les violer. Jusqu'alors le besoin et l'irréflexion m'avaient entraîné au mal, j'y courus dorénavant librement par choix et par plaisir.

« Je me décidai à reprendre mon métier de braconnier. La chasse surtout était devenue peu à peu une passion pour moi, et je n'aurais pu vivre sans la satisfaire.

« Mais céder à cette passion n'était pas mon seul mobile ; je me faisais fête de narguer le décret du Prince et aimais à nuire de tout mon pouvoir à mon souverain.

« Quant à être arrêté, je n'en avais nul souci : j'avais alors une balle toute prête pour celui qui m'aurait surpris en faute et je savais que mon fusil ne manquait jamais son homme.

« J'abattais tout le gibier que je faisais lever : mais j'en vendais fort peu à la frontière ; j'en laissais perdre la plus grande partie.

« Je vivais misérablement, ne songeant qu'à entretenir ma provision de poudre et de plomb.

« On avait remarqué les dégâts que je faisais parmi le gros gibier ; mais nul soupçon ne s'arrêtait sur moi.

« Mon aspect les éloignait. Mon nom était oublié.

. .
. .

« Je menais cette existence depuis plusieurs mois.

« Un jour, selon mon habitude, j'avais parcouru le bois à la poursuite d'un cerf, et cela pendant deux heures. Je m'étais fatigué en vain et déjà je me décidais à abandonner ma proie lorsque je l'aperçus à portée de fusil.

« Je vais ajuster et tirer, mais soudain je m'arrête effrayé à la vue d'un chapeau posé à terre à quelques pas devant moi.

« Je regarde plus attentivement et je reconnais le garde Robert qui, derrière le tronc épais d'un chêne, s'apprête à ajuster la bête à laquelle je destinais mon coup de fusil.

« Un froid mortel parcourt tous mes membres.

« Robert était justement parmi tous les êtres vivants celui que je haïssais le plus, et cet homme était mis en mon pouvoir.

« En cet instant il me sembla que l'univers entier était au bout de mon fusil et que la haine de toute ma vie se concentrait toute dans l'extrémité du doigt avec lequel je devais lui donner le coup mortel.

« Une main invisible et terrible planait sur moi. Mon sort devait se décider fatalement à cette sombre minute.

« Mon bras tremblait tandis que je permettais à mon fusil un horrible choix. Mes dents se choquaient comme dans un accès de fièvre ; ma respiration s'arrêtait dans ma gorge et me suffoquait.

« Le canon de mon arme resta indécis entre l'homme et la bête. Une minute s'écoule, puis une autre minute, puis encore une minute !

« Ma haine et ma conscience luttaient opiniâtrement avec des chances égales. Mais la haine eut le dessus et le garde tombe frappé mortellement.

. .

« Le coup fait, mon fusil m'échappe des mains.

« Assassin, murmurai-je lentement. La forêt était silencieuse comme un cimetière ; je m'entendis distinctement prononcer le mot d'assassin.

« Quand j'approchai le garde était mort.

« Longtemps je demeurai sans voix, sans haleine, devant son cadavre ; un éclat de rire vint enfin me soulager.

« — Resteras-tu maintenant bouche close, cher ami ! lui dis-je.

« Je me plaçai résolument devant lui et tournai son visage de mon côté.

Il avait les yeux grands ouverts.

« Je redevins tout à coup grave, muet et silencieux.

« Je commençais à éprouver quelque chose d'étrange.

. .

« Jusqu'ici j'avais du prix de ma honte payé toutes mes infractions aux lois. Je venais à l'instant de commettre un crime dont je n'avais pas encore porté la peine.

« Une heure auparavant personne ne m'eût persuadé, je crois, qu'il existait sous le ciel un être plus misérable que moi ; mais je réfléchis alors, qu'en ce moment là, mon sort était digne d'envie.

. .

« La justice divine ne m'atteignait pas encore, mais sous le coup de ne je sais quelle justice vengeresse, je reportai mes souvenirs vers la hart, le couperet et l'exécution d'une infanticide à laquelle j'avais assisté dans mon enfance.

« J'éprouvais un sentiment d'effroi extraordinaire en songeant que désormais ma vie ne m'appartenait plus. Je ne me souviens plus d'autre chose, et je désirais alors que Robert vécût.

« Je me faisais violence pour évoquer le souvenir de tout le mal que cet homme m'avait fait pendant sa vie ; mais chose bizarre, ma mémoire était comme morte.

« Je n'y pouvais plus rien retrouver de tout ce qui, un quart d'heure auparavant, avait excité ma fureur. Je ne comprenais vraiment plus comment j'avais commis cet assassinat.

. .

« Je me tins debout devant le cadavre, longtemps, longtemps encore !

Les claquements de fouet et les grincements de roues de quelques voitures de rouliers qui traversaient le bois, me rappelèrent à moi-même.

« Il y avait à peine un quart de mille de la grand'route au lieu où j'avais commis le meurtre. Je dus songer à ma sûreté.

« Sans le vouloir je me perdis au fond du bois.

« Tout en marchant je me souvins que le mort avait autrefois possédé une montre de poche.

« J'avais besoin d'argent pour gagner la frontière. Cependant je n'avais pas le courage de retourner à l'endroit où gisait le cadavre.

« J'étais fort effrayé en songeant à l'existence du diable et à la présence de Dieu en tous lieux.

« Je rassemblais cependant tout mon courage et,

résolu à tenir tête à tout l'enfer réuni, je revins sur le théâtre de mon crime.

« Je trouvai ce que j'espérais, et, en outre, une bourse verte qui contenait un peu plus d'un écu.

« Au moment où j'allais mettre les deux objets dans ma poche, je m'arrêtai subitement et réfléchis.

« Ce n'était pas une velléité de honte, ce n'était pas non plus la crainte d'aggraver mon crime par un vol.

« Ce fut par orgueil, je crois que je jetai la montre loin de moi et gardai seulement la moitié du contenu de la bourse.

« Je voulais passer pour un ennemi personnel de ma victime et non pour un voleur.

« Je m'enfuis alors dans l'intérieur du bois.

« Je savais que là forêt s'étendait à quatre milles (*) allemands vers le nord et touchait à la frontière.

« Jusqu'à midi, je courus à perdre haleine.

« La rapidité de ma fuite avait fait taire mes remords, mais ils revinrent de plus en plus violents au fur et à mesure que mes forces s'épuisèrent.

« Mille fantômes affreux passaient devant moi et me déchiraient le cœur comme avec des lames aigües.

« Entre une existence empoisonnée par la crainte incessante de la mort et une mort violente et volontaire, un choix effrayant me restait à faire. Il me fallait opter.

« Je n'avais pas le courage de quitter la vie par un suicide, et je m'effrayais d'être exposé à la vue de mon semblable.

« J'étais placé entre la perspective certaine d'une existence pleine de remords et celle moins assurée d'une éternité terrible.

« Je me sentais également incapable de vivre et de mourir.

« C'était la sixième heure de ma fuite; elle s'écoula

(*) Le mille allemand vaut 7 kilom.

dans des angoisses que nul mortel ne saurait exprimer.

..

« Concentré en moi-même et à pas lents, le chapeau enfoncé jusqu'aux yeux, sans que j'en aie conscience, comme si cela eût pu me rendre méconnaissable à l'œil de la nature inanimée, je suivais un petit sentier qui me conduisit insensiblement dans la partie la plus épaisse et la plus sombre du bois.

« Tout-à-coup une voix rauque, me cria: halte ! d'un ton de commandement. La voix était tout proche.

« Mes réflexions et mon chapeau enfoncé sur ma tête m'avaient empêché de voir autour de moi.

« Je levai les yeux et aperçus venant à moi un homme à l'air farouche, qui avait à la main une massue armée de nœuds.

« Sa taille était celle d'un géant — ma surprise du moins, me le fit croire tout d'abord; — sa peau était cuivrée comme celle d'un mulâtre, ce qui faisait hideusement ressortir le blanc de ses yeux louches.

« En guise de ceinture une grosse corde s'enroulait deux fois autour de sa vareuse de laine ; dans cette corde étaient passés un couteau de boucher et un pistolet.

« Le cri fut répété, et un bras vigoureux m'arrêta court.

« La voix d'un homme m'avait inspiré de la crainte, mais la vue d'un bandit me donna du cœur.

« Dans la situation où je me trouvais j'avais à trembler devant un honnête homme mais non devant un malfaiteur.

— Qui va là ? me dit cet homme.
— Un être semblable à toi, répondis-je, si tu es réellement ce que tu parais.
— Il n'y a pas de chemin par ici, qu'y viens-tu chercher ?
— Qu'as-tu à m'interroger ? répartis-je fièrement. —

« Il me regarda en deux fois des pieds à la tête.

On eût dit qu'il voulait comparer ma taille à la sienne, et ma réponse à ma taille.

— Tu parles grossièrement, comme un mendiant, dit-il enfin.

— C'est possible ; je l'étais encore hier. —

« Il se mit à rire : — On jurerait, dit-il, qu'aujourd'hui même tu voudrais ne pas mieux valoir.

— Donc, valoir moins ! — et je voulus passer outre.

— Tout beau ! l'ami. Qui te chasse ainsi ? Quel temps as-tu à perdre par là-bas ?

« Je réfléchis un instant et je ne sais pourquoi, ces mots me vinrent à la bouche :

— La vie est courte, dis-je avec lenteur, et l'enfer dure éternellement. —

« Il me regarda fixement.

— Dieu me damne, reprit-il enfin, si tu ne t'es trouvé quelque part en désagréable contact avec la potence !

— Cela pourra bien arriver. Sur ce, au revoir, camarade !

— Toppe, camarade, cria-t-il. —

« En même temps il tira de son havre-sac un flacon d'étain, en but une forte gorgée et me le tendit.

.·.

« La marche et l'inquiétude avaient épuisé mes forces et, de toute cette terrible journée, rien n'avait approché mes lèvres. Déjà je craignais de périr de faiblesse dans cette partie de la forêt où à trois milles à la ronde je ne pouvais espérer aucun rafraîchissement.

« On peut juger avec quelle joie je rendis le toast porté en mon honneur.

« Je bus, et une vigueur nouvelle circula dans mes membres ; un courage nouveau pénétra dans mon cœur. Je me repris à espérer et à aimer la vie.

« Je commençais à croire que je n'étais pas voué à jamais au malheur

« Tel fut l'effet de la rasade que j'avais bue de si bon cœur.

« Oui, je l'avoue, ma position allait s'améliorer. Je venais enfin, après avoir éprouvé tant de déceptions, de trouver un être semblable à moi.

« Dans l'état où j'étais réduit, j'aurais traité le diable en camarade pour avoir un ami.

.·.

« L'homme à la massue s'était étendu sur l'herbe, j'en fis autant.

— Ta rasade m'a fait du bien, lui dis-je. Faisons connaissance. —

« Il battit le briquet pour allumer sa pipe.

— Fais-tu le métier depuis longtemps déjà ? repris-je. —

« Il me considéra avec attention.

— Que veux-tu dire avec cela ?

— As-tu souvent rougi ceci. —

« Je tirai son couteau hors de sa gaîne.

— Qui es-tu, me dit-il effrayé et en posant sa pipe à côté de lui.

— Un meurtrier comme toi, mais moi je débute. —

« Il me regarda fixement et reprit sa pipe.

— Tu n'es pas ici chez toi ? demanda-t-il enfin.

— Mon pays est à trois milles d'ici, à L.... c'est moi l'hôtelier du Soleil dont tu as peut-être entendu parler. —

« L'homme à la massue bondit comme un possédé.

— Le braconnier Wolf ! s'écria-t-il !

— Lui-même.

— Sois le bienvenu, camarade. Sois le bienvenu ! ajouta-t-il en me secouant les mains avec force. C'est beau de ta part de t'être enfin livré à moi. Il y a longtemps que je songe à t'accaparer. Je te connais très-bien. Je sais tout ce qui te concerne. J'ai depuis longtemps compté sur toi.

— Compté sur moi ? Et pourquoi donc ?

— Toute la contrée est pleine de toi. Tu as des

ennemis ; un bailli t'a persécuté, Wolf. On t'a ruiné !
on t'a traité d'une manière révoltante. —

« L'homme à la massue s'était animé.

— Parce que tu as tué une paire de cochons que le prince nourrissait au détriment de nos récoltes, ils t'ont pendant des années renfermé dans la maison de force et dans le fort, ils t'ont volé ta maison et ta position, ils ont fait de toi un mendiant. En sommes-nous là, frère, qu'un homme ne soit pas plus estimé qu'un lièvre ? Ne valons-nous pas mieux que le bœuf qui paît dans la plaine ? Et un homme de ta trempe peut-il souffrir tout cela ?

— Qu'y pourrais-je ?

— Nous allons bien le voir ! Mais dis-moi toujours d'où tu viens à l'heure qu'il est et quel est ton projet. —

« Je lui racontai toute mon histoire.

« Sans attendre que j'eusse fini, il se leva vivement, plein d'une joyeuse impatience et m'entraîna.

— Viens, frère, brave hôtelier du Soleil ! dit-il. Tu es mûr à présent ; maintenant tu es bien à moi et tel que j'avais besoin que tu fusses. Tu me feras honneur, viens avec moi.

— Où me veux-tu conduire ?

— Trêve aux questions. Suis-moi ! —

« Il m'entraîna de force.

*
* *

« Nous avions marché un petit quart de mille.

« La forêt devenait de plus en plus impénétrable et sauvage ; la pente en était de plus en plus rapide. Nous ne disions mot ni l'un ni l'autre, jusqu'à ce qu'enfin un coup de sifflet de mon guide m'arracha à mes pensées.

« Je regardai. Nous nous trouvions devant un précipice, une profonde crevasse ouverte dans un sol de roc.

« Un second coup de sifflet nous répondit du sein du rocher d'où sortit une échelle lentement et comme d'elle-même.

« Mon conducteur descendit d'abord en me recommandant d'attendre son retour.

— Il faut, me dit-il, que je fasse mettre le chien à la chaîne ; tu es étranger, cette brute te dévorerait. —

« Je restai alors seul devant le gouffre et je savais très-bien que j'étais seul.

« L'imprévoyance de mon conducteur n'échappa pas à mon attention.

« Il ne me fallait que la résolution courageuse de retirer l'échelle et j'étais libre, et ma fuite était assurée.

« Je plongeai mes regards au fond de l'abîme où j'allais me réfugier. Il me rappelait confusément le gouffre de l'enfer dont on ne peut se sauver.

« Je me mis à trembler devant la carrière que je voulais embrasser. Une prompte fuite pouvait seule me sauver.

« Je me décide à fuir. J'allonge la main vers l'échelle. Mais tout-à-coup une voix tonnante résonne à mes oreilles, j'entends retentir autour de moi comme un ricanement infernal.

« — Que reste-t-il à perdre à un assassin ? —

« Et mon bras retombe paralysé.

« Tout était décidé pour moi ; le temps du repentir était passé. Le crime que j'avais commis se dressait derrière moi comme une montagne et m'empêchait pour toujours de revenir en arrière.

« Au même instant, je revis mon conducteur, il m'avertit qu'il fallait le suivre.

« L'hésitation ne m'était plus permise.

« Je descendis l'échelle.

« Quand nous eûmes fait quelques pas sous le rocher, le souterrain s'élargit et je distinguai un certain nombre de cabanes.

« Au milieu de ces cabanes s'ouvrait une pelouse de forme ronde sur laquelle dix-huit à vingt hommes se tenaient couchés autour d'un feu de charbon.

— Camarades, dit mon conducteur en me faisant avancer au milieu du cercle, voici notre hôtelier du Soleil ! Souhaitez-lui la bienvenue ! —

« — L'hôtelier du Soleil ! — cria tout le monde d'une seule voix.

« Et chacun se leva en sursaut et se pressa autour de moi, hommes et femmes.

« Dois-je l'avouer ? La joie était réelle et cordiale.

« La confiance, l'estime même se lisaient sur chaque visage. Celui-ci me serrait la main, celui-là me tirait amicalement par mes vêtements.

« On eût dit le retour d'une vieille connaissance, jouissant de la considération générale.

« Mon arrivée avait interrompu le repas qui venait de commencer. On le continua aussitôt et l'on m'obligea à boire le coup de la bienvenue.

« Gibier de toute sorte composait le festin, et le flacon de vin passait sans relâche de mains en mains.

« La bonne chère et l'union paraissait animer toute la bande, chacun s'efforçait à l'envie et à sa façon de montrer la joie que lui inspirait mon arrivée.

« On m'avait mis entre deux personnes du sexe féminin, ce qui était la place d'honneur à table.

« Je m'attendais à voir en elles le rebut de leur sexe ; combien grand fut donc mon étonnement d'apercevoir parmi cette bande éhontée les deux plus belles physionomies féminines qu'aient encore vues mes yeux.

« Marguerite, la plus âgée et la plus belle des deux se faisait appeler mademoiselle et avait à peine vingt-cinq ans.

« Sa conversation était très leste et ses gestes disaient encore davantage.

« Marie la plus jeune était mariée. Elle s'était enfuie du toit conjugal, parce que son mari la maltraitait.

« Elle était plus délicatement conformée que Marguerite, elle était pâle et langoureuse.

« Sa voisine, elle, était tout feu et attirait davantage les regards.

« Les deux femmes, à l'envi l'une de l'autre, cherchèrent à enflammer mes désirs. La belle Marguerite vint en aide à ma timidité par ses plaisanteries décolletées, mais tout en elle m'était antipathique et la timide Marie avait de suite et à jamais conquis mon cœur.

— Tu vois, frère, brave hotelier du Soleil! me dit l'homme qui m'avait amené, tu vois comment nous vivons entre nous, et chaque jour c'est comme aujourd'hui. Pas vrai, camarades ?

— Chaque jour comme aujourd'hui! répéta toute la bande.

— S'il t'est décidément agréable de partager notre genre de vie, frappe-là et sois notre chef. Jusqu'ici j'ai eu ce titre, mais je m'efface devant toi. Cela vous va-t-il, vous autres ? —

« Un joyeux — Oui ! — répondit de tous côtés.

« Ma tête était brûlante, mon cerveau troublé; le vin et les désirs faisant bouillonner mon sang.

« Le monde m'avait rejeté comme un pestiféré, et là je rencontrais un fraternel accueil, le bien être et des honneurs.

« Quelque parti que j'eusse voulu prendre, la mort m'attendait, mais là du moins je pouvais vendre plus chèrement ma vie.

« La luxure avait toujours été ma passion dominante et les femmes m'avaient toujours témoigné du mépris; là m'attendaient faveurs et plaisirs sans frein.

« Ma décision me coûta peu:

« — Je reste avec vous, camarades, dis-je d'une voix haute et résolue, et, me plaçant au milieu de la bande : je reste avec vous, m'écriai-je encore une fois, si vous me cédez ma jolie voisine. —

« Tout le monde fut d'avis d'accéder à ma demande. J'étais possesseur d'une femme perdue et chef de brigands.

. ..
.. ..

La partie suivante de ce récit, je la passe. Ce qui est simplement horrible n'offre rien d'instructif pour le lecteur.

Un malheureux qui est tombé à cette profondeur, dut enfin se permettre tout ce qui révolte l'humanité. Mais il n'a jamais commis un deuxième meurtre. Il l'a juré lui-même à la torture.

..

La renommée de Wolf s'étendit bientôt dans toute la province.

Les routes n'étaient plus sûres ; des effractions nocturnes troublaient les citadins ; le nom de l'hôtelier du Soleil devint la terreur des campagnes. La justice le poursuivit et sa tête fut mise à prix.

Il fut assez heureux pour déjouer tous les complots tramés contre sa liberté et assez rusé pour faire contribuer à sa sécurité la superstition des paysans, ces amis du merveilleux.

Ses compagnons eurent ordre de répandre le bruit qu'il avait fait un pacte avec le diable et avait le pouvoir de jeter des sorts.

La contrée qu'infestait sa bande appartenait alors, moins encore qu'aujourd'hui à l'Allemagne éclairée. Leurs dires s'accréditèrent et garantirent la sécurité de leur chef.

Personne ne montra le désir de s'attaquer au dangereux bandit qui avait le diable à son service.

..

Depuis un an déjà il faisait ce triste métier, lorsqu'il commença à le trouver insupportable.

La bande à la tête de laquelle il s'était mis ne remplissait pas ses brillantes espérances.

De séduisantes apparences l'avaient aveuglé, alors

que le vin troublait sa raison ; il voyait maintenant avec terreur combien il avait été odieusement abusé.

La faim et le besoin se substituèrent à l'abondance qu'on lui avait insidieusement promise et souvent il lui fallut exposer sa vie pour conquérir un repas qui l'empêchait à peine de mourir de faim.

Le fantôme d'une fraternelle union s'était évanoui. Envie, soupçon et jalousie rongeaient le cœur de cette horde de réprouvés.

La justice avait promis une récompense à celui qui livrerait vivant l'hôtelier du Soleil, et en outre, grâce entière s'il était un de ses complices. Puissante tentation pour ce vil rebut du monde !

Le malheureux Wolf savait quels dangers il courait. La probité de gens qui trahissaient homme et Dieu garantissait mal sa sûreté.

Dès lors il n'eut plus de sommeil ; la crainte continuelle de la mort minait son repos ; le soupçon, ce spectre hideux, agitait ses terribles crécelles derrière lui partout où il fuyait, le persécutait s'il veillait, se plaçait à son côté sur sa couche et l'effrayait jusque dans ses rêves.

En même temps sa conscience, un instant muette, recouvra la voix, et les vipères du repentir, quelque temps engourdies, se ranimèrent à cet orage de son cœur.

Toute sa haine se détournait maintenant de l'humanité et dirigeait contre lui-même ses dards aigüs et terribles.

Il pardonna alors à toute la nature et ne trouva plus que lui à maudire.

Le vice n'avait plus de leçons à donner au malheureux Wolf ; son esprit naturellement juste triomphait enfin de ses déplorables illusions.

Il sentit à cet instant combien bas il était tombé.

Une tranquille mélancolie succéda à son poignant désespoir

Il pleurait amèrement son passé ; et si la chose eût été possible, il en avait la certitude, il eût recommencé tout autrement sa vie.

L'espoir lui revint de redevenir honnête homme, parce qu'il sentait en lui la force d'accomplir cette métamorphose.

Au dernier échelon de sa dégradation il était plus près de la vertu qu'avant sa première chûte.

..

A cette époque venait d'éclater la guerre de sept ans et l'on faisait de nombreux enrôlements.

Le malheureux puisa quelque espoir dans cet état de choses et écrivit une lettre à son souverain.

Je la donne ici en abrégé.

« S'il ne répugne pas à votre Grâce de descendre
« jusqu'à moi; si les criminels de ma sorte méri-
« tent encore quelque pitié, accordez-moi audience,
« Sérénissime Seigneur !

« Je suis un meurtrier et un voleur; la loi m'a
» condamné à mort, la justice me recherche; je
» m'offre à me livrer volontairement, mais je dé-
» pose en même temps une prière.... étrange aux
» pieds de votre trône.

» J'ai pris ma vie en horreur et je ne crains pas
» la mort, mais je m'effraie de mourir sans avoir
» vécu.

» Puissé-je vivre pour réparer une partie de
» mon passé ? Puissé-je vivre pour réparer mes
» offenses envers l'Etat!

» Mon exécution serait un exemple pour le monde,
» mais nullement la compensation de mes torts.

» Je hais le vice et soupire ardemment après la
» probité et la vertu.

» J'ai montré quelque valeur pour me rendre
» redoutable à mon pays; il m'en reste encore, je
» l'espère, pour lui être utile.

..

» Je demande, je le sais quelque chose d'inouï.
» Ma vie ne m'appartient plus; il ne me sied donc
» pas de proposer un compromis à la justice.

» Mais je ne comparais pas devant vous avec des

» chaînes et des entraves. Je suis libre encore
» et la crainte a la part la plus minime à ma prière.

» C'est une grâce que j'implore. Je n'ai aucun
» droit contre la justice, et si j'en avais je n'essaierais
» pas de les faire valoir. Cependant j'oserai rappeler
» quelque chose à mes juges.
» L'ère de mes crimes date de la sentence qui
» me déshonorait à jamais.
» Si l'équité m'eût été alors moins sévèrement
» refusée, aujourd'hui je n'aurais nul besoin de
» grâce.

» Préférez la miséricorde à la justice, mon prin-
» ce ! S'il est en votre pouvoir de fléchir la loi,
» accordez-moi la vie sauve. Elle sera dès lors con-
» sacrée à votre service.
» Si vous pouvez exaucer ma prière, faites-moi
» savoir votre gracieuse volonté par les feuilles
» publiques et, sur votre parole princière, je me
» rendrai dans la capitale.
» Si vous en décidez autrement, que la justice
» accomplisse sa tâche, il me faudra remplir la
» mienne ! »

Il ne reçut point de réponse à cette supplique quoiqu'il l'ait fait suivre d'une deuxième et d'une troisième lettre dans laquelle il priait le prince de lui accorder d'entrer comme simple cavalier à son service.

Son espoir d'être gracié s'évanouit complètement. Il prit alors la résolution de fuir loin du pays et de se faire tuer comme un brave soldat sous la bannière du roi de Prusse.

Il quitta heureusement sa bande et se mit en route.

Sur son chemin se trouvait une petite ville où il voulait passer la nuit.

Quelque temps avant des décrets sévères avaient été publiés dans tout le pays prescrivant de faire subir aux voyageurs un examen minutieux parce que le souverain du lieu, un prince de l'empire avait pris parti dans la guerre. Des ordres en conséquence avaient été donnés au portier-consigne de la ville.

Il se trouvait assis sur un banc, à sa porte, au moment où l'hôtelier du Soleil y arrivait à cheval.

La tournure de Wolf avait à la fois quelque chose de burlesque et de sauvage.

La maigreur du cheval qu'il montait et le choix bizarre de ses vêtements, choix auquel sans doute avait moins présidé son goût que les hasards de son coupable métier, offraient un assez étrange contraste avec sa figure où gisaient les débris de tant de violentes passions, comme des cadavres mutilés sur un champ de bataille.

Le portier-consigne fut frappé de l'aspect de ce singulier voyageur.

Ses cheveux avaient blanchi à sa barrière et, depuis une vingtaine d'années qu'il exerçait son emploi, il avait acquis un coup d'œil infaillible pour dévisager les vagabonds.

L'œil de faucon de cet habile physionomiste ne le trompait jamais.

Il ferma aussitôt la porte de la ville et demanda son passeport au cavalier voyageur, tout en s'emparant de la bride de son cheval.

Wolf s'était prémuni contre des accidents de cette sorte. Il avait sur lui un passeport qu'il avait depuis peu enlevé à un marchand dévalisé par lui.

Mais ce seul témoignage était insuffisant pour vaincre une expérience de vingt années et faire revenir de son opinion l'oracle de la barrière.

Le portier-consigne avait plus de confiance en ses yeux qu'en ce papier et Wolf fut obligé de le suivre à la maison de ville.

Le grand-bailli examina le passe-port et le déclara valable. C'était un grand amateur de nouvelles et il se plaisait surtout à causer journaux à côté d'une bouteille.

Le possesseur du passeport — tout l'indiquait, du moins, — venait en droite ligne, des pays ennemis où était le théâtre de la guerre. Le magistrat, espérant obtenir quelques nouvelles privées de cet étranger, lui renvoya son passeport par un secrétaire et le fit inviter à venir vider un flacon de vin avec lui.

.•.

Pendant ce temps-là l'hôtelier du Soleil était resté devant la demeure du magistrat ; son ridicule équipage avait attiré et groupé autour de lui tous les polissons de la ville.

On se parlait à l'oreille, on se montrait du doigt le cheval et le cavalier. L'audace de la populace s'accrut, le bruit dégénéra en tumulte.

Malheureusement, le cheval que chacun montrait du doigt, était un cheval volé. Wolf s'imagina que le signalement en avait été donné et que l'animal était reconnu.

L'invitation amicale et inaccoutumée du grand-bailli vint confirmer ce soupçon.

Il tint alors pour certain que la fausseté de son passeport était découverte et que la politesse du magistrat cachait un piège pour le prendre vivant et sans résistance.

Le mauvais état de sa conscience obscurcissait son intelligence ; il piqua des deux et partit au galop sans donner de réponse.

.•.

Cette fuite soudaine fut le signal d'une explosion.

« — C'est un voleur ! — » s'écria la foule et elle se précipita à sa poursuite.

Il y va pour le cavalier de la vie ou de la mort ; il a déjà de l'avance, ceux qui le poursuivent sont restés en arrière tout haletants ; mais une main lourde et invisible s'appesantit sur lui ; son heure est venue ; l'impitoyable Némésis arrête son débiteur.

La rue qu'il a prise avec confiance est une impasse ; il lui faut revenir sur ses pas et s'avancer contre ceux qui sont à sa poursuite.

.·.

Cependant le bruit de cette aventure a mis toute la ville en révolution ; des groupes se joignent aux groupes et toutes les rues sont barricadées. Une véritable armée se met en marche contre Wolf.

Il montre un pistolet Le peuple recule ; il veut se frayer un chemin de vive force parmi la foule :

« — Cette balle, cria-t-il; est pour le téméraire qui voudra m'arrêter. — »

La crainte impose à tout le monde un temps d'arrêt.

Enfin un vaillant ouvrier serrurier s'élance par derrière, lui saisit le bras et lui tord le doigt avec lequel, dans sa fureur, il allait presser la détente.

Le pistolet tombe ; Wolf est sans armes ; on l'enlève de dessus son cheval et on le traîne en triomphe à la maison de ville.

.·.

» Qui es-tu ? Lui demanda le juge d'un ton assez brusque.

» — Un homme résolu à ne répondre à aucune question, jusqu'à ce qu'on lui en adresse de polies.

» — Qui êtes-vous ?

» — Ce que je me dis être. J'ai traversé toute l'Allemagne et nulle part je n'ai rencontré tant d'effronterie qu'ici, chez vous.

» — Votre fuite.... soudaine vous rend très-suspect. Pourquoi fuyiez-vous ?

» Parce que j'étais fatigué d'être en butte aux moqueries de votre populace.

» — Vous menaciez de faire feu ?

» — Mon pistolet n'était pas chargé — » On examina l'arme ; elle ne contenait pas de balle.

» — Pourquoi avez-vous des armes cachées sur vous.

» — Parce que j'ai des valeurs dans mon portefeuille et qu'on m'a parlé d'un certain hôtelier du Soleil qui doit battre la contrée.

» — Vos réponses témoignent de beaucoup d'effronterie, mais non de l'excellence de votre cause. Je vous accorde jusqu'à demain pour me déclarer la vérité.

» — Je persisterai dans mon dire.

» — Qu'on le conduise à la Tour!

» — A la Tour! Je crois, monsieur le grand-bailli, qu'il y a encore une justice dans ce pays. Je demanderai satisfaction.

» — Je vous la donnerai, dès que vous serez justifié. — »

..

Le lendemain le grand-bailli réfléchit qu'il pouvait bien se faire que l'étranger fût innocent, qu'un ton de hauteur n'aurait aucun empire sur son obstination et qu'il ferait peut-être mieux de le traiter avec égard et convenance.

Il rassembla son jury et fit amener le prisonnier.

» —Pardonnez au premier mouvement, monsieur, lui dit-il, si je vous ai quelque peu rudoyé hier.

» — Très volontiers, si vous le prenez ainsi.

» — Nos instructions sont sévères et votre aventure a fait du bruit. Je ne puis vous rendre la liberté sans faillir à mon devoir. Les apparences témoignent contre vous ; je désirerais que vous me disiez quelque chose qui les pût démentir.

» — Et si je ne trouvais rien à vous dire?

» — Alors il me faudra soumettre votre cas au gouvernement et vous resterez longtemps étroitement renfermé.

» — Et puis?

» — Ensuite vous courez le risque d'être chassé honteusement à coups de verges au delà de la frontière, ou bien si l'on use d'indulgence, d'être mis aux mains des raccoleurs. — »

Durant quelques minutes Wolf garda le silence.

Il paraissait soutenir une violente lutte intérieure.

Enfin il se tourna résolument vers le juge?

» — Puis-je être seul un quart d'heure avec vous? — »

Les jurés se regardaient indécis ; mais sur un signe de leur chef ils s'éloignèrent.

» — Eh bien ? que demandez-vous ?

» — La façon d'agir que vous aviez adoptée hier à mon égard, monsieur le grand-bailli, ne m'aurait jamais amené à un aveu ; car la violence me révolte. La réserve avec laquelle vous me traitez aujourd'hui m'inspire pour vous des sentiments d'estime et de confiance. Je sens en vous un homme d'honneur.

» — Qu'avez-vous à me dire ?

» — Vous êtes un homme d'honneur, je le vois, et depuis longtemps je desire rencontrer un homme comme vous. Veuillez me tendre votre main droite.

» — Où voulez-vous en venir ?

» — Votre tête est blanche et respectable. Depuis longtemps vous vivez au milieu du monde ; vous devez avoir eu bien des peines, n'est-ce pas ? et cela vous a rendu plus humain ?

» — A quoi bon cela, Monsieur ?

» — Vous n'êtes plus qu'à un pas de l'éternité ; bientôt vous aurez besoin de la miséricorde de Dieu. Vous ne refuserez pas la vôtre à un homme.... n'avez-vous aucun pressentiment ? A qui croyez-vous parler ?

» — Qu'y a-t-il ?... Vous m'effrayez !

» — Ne cherchez pas encore à le savoir ! Ecrivez à votre prince comment vous m'avez fait prisonnier ; dites-lui que je me suis livré moi-même, de mon propre mouvement. Que Dieu lui soit miséricordieux comme il le sera lui-même à mon égard. Priez-le pour moi, noble vieillard, et laissez tomber une larme sur votre rapport. — Je suis l'hôtelier de Soleil ! — »

FIN.

T. S. V. P.

ERRATA.

Page 4 ligne 5, lisez: Vienne enfin pour l'*homme comme pour*, etc.

Même page, 3ᵉ avant-dernière ligne, lisez: *communauté d'un danger*.

Page 5 ligne 5, lisez: *Veut-elle être pour nous d'une plus haute importance?*

Page 24 ligne 18, lisez: *Mais nuls soupçons ne s'arrêtaient.*

Page 21 ligne 15, lisez: *Quels sont tes projets.*

Même page, ligne 30, lisez: *rapide; nous ne disions mot ni l'un ni l'autre; enfin un*, etc.

Page 32 ligne 24, lisez: *Je désirerais que vous me dissiez.*

OUVRAGES

De M. Félix THESSALUS.

	F. C.
La Résurrection de l'Italie, poème	0 75
La Charité, poème (épuisé)	
Étrennes de 1864, poésies et musique	
Le premier jour de l'An, cantate avec musique de M. L. MÉZIÈRES.	
François le matelot, comédie-vaudeville en deux actes, en collaboration avec Mme Louise LEFÈVRE	4 »
Romances et Chansons, 5 recueils	« 75
Tournoi Poétique, années 1865-1866 et 1866-1867, chacun	2 75
Tournoi Poétique, année 1867-1868, Prix de la souscription	2 »
Blanche l'orpheline, nouvelle	» 75
Hélène, nouvelle	» 75
El Tebib Roum, nouvelle	» 75
La veillée, nouvelle	» 75

N. B. — Demander le programme du 4e *Tournoi Poétique* à M. Félix THESSALUS, 5, rue de Louvain-Belleville, Paris.

www.ingramcontent.com/pod-product-compliance
Lightning Source LLC
Chambersburg PA
CBHW060705050426
42451CB00010B/1281